Ágata's Mirror: Bilingual Portuguese-English Short Stories

Pomme Bilingual

Published by Pomme Bilingual, 2024.

Table of Contents

O Espelho de Ágata

N a pequena e pitoresca Vila Sereno, onde o vento do mar parecia sempre sussurrar segredos ao longo das ruas estreitas e ladeadas de jacarandás, havia uma casa que todos conheciam, mas poucos realmente entendiam. A Villa Ágata, com suas janelas altas e portas de madeira esculpida, era o centro de todas as conversas. À noite, as luzes acesas refletiam na água tranquila da baía, criando um espetáculo de brilho dourado que atraía os olhos curiosos e os corações ansiosos da alta sociedade local.

Ágata, a dona da casa, era uma mulher de beleza serena e sorriso enigmático. Seus cabelos negros caíam em ondas suaves, e seus olhos verdes, penetrantes como as profundezas do mar, pareciam saber mais do que qualquer outra pessoa. Ela era o tipo de mulher que se sentava sozinha, sorrindo discretamente enquanto os outros conversavam em sua volta, sempre um passo à frente, sempre distante. Seus olhos, como espelhos, refletiam mais do que o que estava diante deles.

Suas recepções eram lendárias. Quando Ágata decidia abrir as portas da Villa para uma soirée, o evento se tornava a conversa da cidade por semanas. As mesas estavam sempre repletas de iguarias finas e vinhos raros, e as conversas eram carregadas de risos falsos e elogios cuidadosamente formulados. As figuras mais proeminentes da cidade, artistas, políticos, e comerciantes de grandes posses, se viam obrigados a comparecer, atraídos tanto pela fascinante anfitriã quanto pela promessa de status social que isso oferecia.

Naquela noite, no entanto, algo estava diferente.

A Villa Ágata parecia mais misteriosa do que nunca. O reflexo dourado da luz do luar nas águas da baía parecia chamar para dentro da casa, como se a noite estivesse esperando para revelar seus segredos. Os convidados, habituados à grandiosidade de cada evento, notaram uma tensão no ar. Eles falavam mais baixo, se observando com mais cuidado, como se esperassem algo que não sabiam definir.

Foi então que ele chegou. Felipe.

Nenhum dos presentes sabia muito sobre ele. Sua chegada havia sido discreta, mas sua presença era avassaladora. Alto, com o cabelo escuro levemente bagunçado pelo vento, um olhar profundo e, ao mesmo tempo, distante. Sua postura era elegante, mas havia algo nele, algo indefinido, que não correspondia aos padrões dos outros convidados. Ele não parecia ser do tipo que estava acostumado a ser observado.

Quando Ágata o viu, seus olhos se estreitaram brevemente, como se ele fosse uma sombra do seu passado, uma sombra que ela pensava ter deixado para trás. Ela não se moveu de imediato, mas sua mente, com a rapidez de um relâmpago, buscou respostas, tentou encaixar aquele rosto entre os pedaços de uma história que ela tentava esquecer.

Os olhares dos outros seguiram Ágata até ela se aproximar de Felipe. Um sussurro percorreu a sala. Quem era aquele homem? Como ele se atrevia a interromper a harmonia cuidadosamente orquestrada da noite?

"Felipe, finalmente chegou," disse Ágata com uma voz suave, quase como se estivesse recitando uma antiga poesia, mas o tom de seu sorriso estava ligeiramente tenso. "Eu estava começando a me perguntar se você realmente viria."

Felipe sorriu de volta, mas seu sorriso era mais triste do que alegre. "Eu não poderia deixar de vir, Ágata. Não depois de tanto tempo."

A sala parecia ter desacelerado. As conversas haviam diminuído e todos os olhos estavam agora voltados para eles. Era como se o tempo tivesse se suspendido, como se a verdade, tão bem escondida por todos aqueles anos, finalmente tivesse saído da sombra.

Durante a noite, os dois conversaram em particular, afastados da agitação da festa, enquanto os outros continuavam a farsa de risos e gestos de cortesia. Ágata, de alguma forma, sabia que não poderia escapar daquela conversa. Ela sabia que havia algo em Felipe que iria desenterrar antigas memórias, sentimentos enterrados que ela cuidadosamente havia guardado em algum canto distante de sua alma.

"Eu sei o que você está tentando fazer," ela disse, os olhos fixos nos dele. "Mas não vai conseguir. Tudo o que fiz, eu fiz por mim mesma."

Felipe a observava com uma intensidade que fazia seu coração bater mais rápido. "Não, Ágata. Não é isso. Eu estou aqui porque há algo que você não pode mais esconder. Algo que todos nós sabemos, mas você não consegue mais ignorar."

A noite avançava, e as conversas dos outros convidados começaram a se dissolver no fundo, como o eco de algo distante. A música, antes animada, agora parecia um sussurro distante, irrelevante. E tudo o que Ágata podia ouvir era a voz de Felipe, seu passado vindo à tona como uma onda que não podia mais ser impedida.

"Eu não sou quem você pensa que sou," Ágata confessou, finalmente permitindo que sua voz tremesse. "Eu fui alguém diferente, antes de tudo isso. Antes de ser a dona da Villa Ágata, antes dos jantares e das festas."

Felipe sorriu, um sorriso amargo. "Eu sei. E é por isso que eu voltei. Porque você não pode continuar escondendo o que é verdadeiro."

Ágata baixou os olhos, a máscara de perfeição quebrando pela primeira vez. E enquanto ela olhava para o espelho refletido na água da baía, ela viu não apenas a mulher que ela havia se tornado, mas também a mulher que ela havia sido. E o peso de tudo o que ela havia deixado para trás finalmente a atingiu.

Naquela noite, enquanto a Villa Ágata ainda estava cheia de risos e conversas falsas, Ágata percebeu que não podia mais se esconder. O espelho que ela mantinha em segredo havia sido quebrado, e com ele, o reflexo de uma mulher que, por tanto tempo, tinha mentido para si mesma.

E Felipe, com sua presença silenciosa, havia sido a chave para essa revelação.

Ágata's Mirror

In the quaint and picturesque village of Sereno, where the sea breeze seemed to always whisper secrets along the narrow, jacaranda-lined streets, there was a house everyone knew but few truly understood. Villa Ágata, with its tall windows and intricately carved wooden doors, was the center of all conversations. At night, its glowing lights reflected on the calm waters of the bay, creating a golden spectacle that drew the curious eyes and yearning hearts of the local high society.

Ágata, the mistress of the house, was a woman of serene beauty and an enigmatic smile. Her dark hair cascaded in soft waves, and her green eyes, as piercing as the depths of the ocean, seemed to know more than anyone else. She was the kind of woman who sat alone, quietly smiling while others chattered around her, always one step ahead, always distant. Her eyes, like mirrors, reflected more than what was merely before them.

Her soirées were legendary. When Ágata decided to open Villa Ágata's doors for an evening affair, the event became the talk of the town for weeks. The tables were always laden with fine delicacies and rare wines, and the conversations were filled with false laughter and carefully crafted compliments. The town's most prominent figures—artists, politicians, and wealthy merchants—felt compelled to attend, drawn as much by the captivating hostess as by the promise of social prestige.

That night, however, something was different.

Villa Ágata seemed more mysterious than ever. The golden reflection of the moonlight on the bay's waters seemed to beckon people inside, as if the night itself were waiting to reveal its secrets. The guests, accustomed to the grandeur of every event, noticed a tension in the air. They spoke more softly, watched each other more closely, as though anticipating something they couldn't define.

And then he arrived. Philip.

None of the guests knew much about him. His arrival had been discreet, but his presence was overwhelming. Tall, with dark hair tousled slightly by the wind, his gaze was deep and distant all at once. His posture was elegant, yet there was something about him—something undefinable—that set him apart from the other guests. He didn't seem like the kind of man used to being watched.

When Ágata saw him, her eyes narrowed briefly, as though he were a shadow from her past, a shadow she thought she had left behind. She didn't move immediately, but her mind, as quick as lightning, searched for answers, tried to piece his face into a story she had tried to forget.

The others' gazes followed Ágata as she approached Philip. A murmur rippled through the room. Who was this man? How dare he disrupt the carefully orchestrated harmony of the evening?

"Philip, you finally arrived," said Ágata in a soft voice, almost as if reciting an old poem, though the tone of her smile was slightly strained. "I was beginning to wonder if you'd actually come."

Philip returned her smile, but his was more sorrowful than joyful. "I couldn't stay away, Ágata. Not after all this time."

The room seemed to slow down. Conversations quieted, and all eyes were now on them. It was as if time had suspended itself, as if the truth, so carefully hidden all these years, was finally stepping out of the shadows.

Throughout the evening, the two spoke privately, away from the commotion of the party, while the other guests continued the charade of laughter and polite gestures. Ágata somehow knew she couldn't escape the conversation. She knew there was something about Philip that would unearth old memories, buried feelings she had carefully locked away in a distant corner of her soul.

"I know what you're trying to do," she said, her eyes fixed on his. "But you won't succeed. Everything I've done, I've done for myself."

Philip studied her with an intensity that made her heart race. "No, Ágata. That's not why I'm here. I'm here because there's something you can't keep hiding. Something we all know, but you can't ignore anymore."

The night wore on, and the chatter of the other guests faded into the background, like the echo of something far away. The music, once lively, now seemed like a distant whisper, irrelevant. And all Ágata could hear was Philip's voice, her past rising like a wave that could no longer be held back.

"I'm not who you think I am," Ágata confessed, finally allowing her voice to tremble. "I was someone else before all of this. Before I became the mistress of Villa Ágata, before the dinners and the parties."

Philip smiled, a bitter smile. "I know. And that's why I came back. Because you can't keep hiding from the truth."

Ágata lowered her gaze, the mask of perfection cracking for the first time. And as she looked at the mirror reflected in the bay's waters, she saw not just the woman she had become, but also the woman she had once been. And the weight of everything she had left behind finally struck her.

That night, while Villa Ágata still echoed with false laughter and hollow conversations, Ágata realized she could no longer hide. The mirror she had kept hidden had shattered, and with it, the reflection of a woman who had lied to herself for far too long.

And Philip, with his quiet presence, had been the key to her revelation.

A Biblioteca Secreta

Na pequena e silenciosa vila de Serra da Noite, onde as sombras se alongavam mais do que o normal ao cair da noite e o vento parecia carregar murmúrios de outras épocas, Tomás vivia uma vida tranquila, mas solitária. Ele não era um homem de muitas palavras, nem de grandes ambições. Passava seus dias na pequena loja de livros usados no centro da vila, onde encontrava consolo no cheiro das páginas amareladas e no murmúrio suave dos leitores que vinham e iam, sem nunca se demorarem. No entanto, algo em seu interior lhe dizia que sua vida estava longe de ser completa.

Um dia, após o fechamento da loja, enquanto tomava o caminho de volta para sua modesta casa de pedra, Tomás se deparou com uma velha casa que nunca antes notara. Ela ficava no final de uma rua estreita, onde os raios do sol mal tocavam o chão. A casa estava em ruínas, com a fachada desmoronada e as janelas cobertas por cortinas rasgadas. No entanto, algo nela o atraiu, algo que ele não conseguia definir.

A porta, entreaberta, parecia convidá-lo a entrar.

Sem pensar muito, Tomás empurrou-a e entrou. O ar estava pesado, carregado com o cheiro de mofo e madeira apodrecida. Caminhou cautelosamente pela sala principal, cujas paredes estavam cobertas por retratos de rostos desbotados, como se o tempo tivesse se esquecido de cada um deles. Ele se perguntava quem seriam aquelas pessoas, o que aquelas imagens representavam. O silêncio era absoluto, cortado apenas pelo som de seus próprios passos ecoando pelo corredor.

Foi então que ele notou uma escada de madeira, estreita e escura, que descia para o porão. A curiosidade tomou conta dele, e, mesmo sem saber por que, ele desceu, passo a passo, até o fundo da casa.

O porão era frio, mas ao contrário do resto da casa, havia uma estranha sensação de organização ali. Em um canto, uma grande estante de livros parecia esperar por ele. Estava coberta por poeira, mas ao lado dela, uma lâmpada fraca piscava, iluminando uma pequena mesa, onde um caderno aberto estava disposto, com uma caneta ao lado. Tomás se aproximou, tocando as lombadas dos livros. Eles estavam diferentes dos que ele costumava encontrar. Não eram como os outros volumes velhos da loja. Eles pareciam mais... antigos, mais sábios, como se carregassem um segredo.

Ao abrir o primeiro livro, a página estava vazia, mas ao virar para a seguinte, palavras começaram a aparecer, quase como se fossem escritas na hora, revelando-se lentamente diante de seus olhos.

"A verdade não é o que você vê, mas o que você ignora."

Tomás hesitou. Fechou o livro, sentindo um arrepio subir pela espinha. Ele olhou ao redor, como se alguém pudesse estar observando-o. Mas não havia ninguém. Apenas o silêncio e a luz fraca da lâmpada.

Ele não sabia o que o fazia continuar, mas sua mente estava envolta em um turbilhão de pensamentos. Algo naquela biblioteca parecia estar refletindo sua própria vida. As palavras, os livros, as mensagens enigmáticas... Tudo aquilo se encaixava em algo maior que ele ainda não compreendia. Ele pegou mais um livro.

"O passado não é memória, é repetição."

Tomás ficou imóvel, o livro tremendo em suas mãos. Como isso se relacionava com ele? Seu passado, tão aparentemente comum, estava sendo reescrito diante de seus olhos, como se ele tivesse vivido aquela frase por toda a vida. Ele começava a questionar a natureza de sua própria existência. O que era real? O que era memória?

Ele continuou, página após página, até que encontrou uma frase que o fez parar completamente.

"Você está aqui para lembrar, ou para esquecer?"

As palavras estavam gravadas em sua mente, como uma tatuagem. Tomás sentiu uma onda de desespero. Ele havia procurado respostas, mas agora tinha mais perguntas do que antes. Por que ele estava ali? Por que aquela biblioteca secreta parecia ter sido feita para ele, como se fosse sua?

Olhou para os livros à sua volta, todos os títulos iguais, mas diferentes, com mensagens que se misturavam com suas próprias lembranças. Ele sentiu que as palavras já estavam em sua mente antes mesmo de as ler, como se elas já o conhecessem.

Tomás não sabia quanto tempo passou ali, mas o sol já estava se pondo quando ele finalmente se levantou, com um peso crescente no coração. Ele deixou os livros onde estavam e subiu novamente para a casa. Lá fora, a vila parecia como sempre, quieta, sem mudanças.

Mas dentro dele, algo tinha mudado. Ele olhou para trás, para a casa que agora parecia mais sombria, mais imponente, como um lugar que não deveria ter sido encontrado. Aquele segredo, aquele sussurro de uma realidade distorcida, o perseguiria por muito tempo.

Ele nunca mais retornaria àquela casa, mas as palavras, as mensagens daquela biblioteca, ficariam com ele para sempre. E, em algum lugar em sua mente, ele sabia que a linha entre a memória e a realidade nunca mais seria a mesma.

The Secret Library

In the quiet and shadowy village of Serra da Noite, where the evening shadows stretched longer than usual and the wind seemed to carry whispers from bygone times, Tomás lived a tranquil yet solitary life. He was not a man of many words or lofty ambitions. His days were spent in the small used bookstore at the village's center, finding solace in the scent of yellowed pages and the soft murmur of readers who came and went, never lingering long. Yet deep inside, Tomás sensed that his life was far from complete.

One evening, after closing the shop, as he walked home along the cobbled streets, Tomás stumbled upon an old house he had never noticed before. It stood at the end of a narrow lane, where sunlight barely touched the ground. The house was in ruins, its facade crumbling and its windows concealed behind tattered curtains. Yet something about it drew him in, something he couldn't quite define.

The door was ajar, as if beckoning him to enter.

Without giving it much thought, Tomás pushed the door open and stepped inside. The air was heavy, thick with the smell of mildew and rotting wood. He cautiously made his way through the main room, its walls adorned with faded portraits of nameless faces, as though time had forgotten them. He wondered who they were, what their stories might have been. The silence was absolute, broken only by the echo of his own footsteps down the dim hallway.

That's when he noticed the narrow, shadowy staircase leading to a basement. A surge of curiosity overtook him, and before he could second-guess himself, he descended the creaking stairs, one careful step at a time.

The basement was cold, but unlike the rest of the house, it exuded an air of deliberate order. In one corner stood a large bookshelf, coated with a thick layer of dust. Beside it, a faintly flickering lamp cast a dim light over a small wooden table. On the table lay an open notebook and a pen resting beside it. Tomás approached, his fingers grazing the spines of the books. They felt different—older, wiser, as if they held secrets too profound for the world outside.

He opened the first book. The initial page was blank, but as he turned to the next, words began to appear, as if being written before his very eyes.

"Truth is not what you see, but what you ignore."

Tomás froze. He snapped the book shut, a shiver running down his spine. He glanced around, half-expecting someone to emerge from the shadows. But there was no one—only the silence and the flickering light.

Something compelled him to continue. He couldn't explain it, but his thoughts swirled in a chaotic storm. The library seemed to reflect his very life, its enigmatic words resonating with a part of him he hadn't yet understood. He picked up another book.

"The past is not memory; it is repetition."

Tomás stood still, the book trembling in his hands. How did this relate to him? His seemingly uneventful past was being rewritten in front of him, as though he had been living that phrase all along. Doubts about his own existence began to surface. What was real? What was a mere recollection?

He turned page after page, until he came across a sentence that made him pause entirely.

"Are you here to remember, or to forget?"

The words etched themselves into his mind, like an indelible mark. Tomás felt a wave of despair wash over him. He had come seeking answers, yet now he had more questions than ever. Why was he there? Why did this secret library feel as though it had been crafted solely for him?

He glanced at the books around him, their titles indistinguishable yet familiar, their messages intertwining with his own fragmented memories. It was as if the words were already part of him, written in his soul long before he read them.

Tomás didn't know how long he stayed there, but by the time he rose to leave, the sun had long since set. He left the books where they lay and climbed the stairs back to the house above. Outside, the village looked the same—quiet, unchanged.

But within him, something had shifted. He turned to look back at the house, now darker, more imposing, like a place that should never have been found. Its secrets, those whispered fragments of a distorted reality, would haunt him for years to come.

Tomás never returned to that house, but the words from the library remained with him forever. Deep down, he knew the line between memory and reality would never again be clear.

A Pequena Loja de Ana Sofia

Monte Claro era uma vila tranquila, onde os dias passavam devagar, como se o tempo tivesse decidido desacelerar para permitir que seus habitantes aproveitassem o simples prazer de estar juntos. As casas, coloridas e acolhedoras, se alinhavam nas ruas estreitas, e o som de risos e conversas sempre parecia pairar no ar, trazendo uma sensação reconfortante de comunidade. No coração dessa vila, havia uma pequena loja que era o centro de muitos encontros: a pastelaria de Ana Sofia.

Ana Sofia era uma mulher de sorriso fácil e mãos habilidosas. Sua pastelaria, A Doce Tradição, era famosa pela receita secreta de pastel de nata, que ela havia aprendido com sua avó. A receita fora passada de geração em geração, e com o tempo, Ana Sofia se tornara uma verdadeira guardiã da tradição. Cada pastel era uma obra de arte, com a massa crocante e o creme suave, capaz de conquistar até os corações mais céticos. As pessoas viajavam de longe para saborear os doces feitos por ela, e, em Monte Claro, a pastelaria de Ana Sofia era um ponto de encontro querido por todos.

A vida de Ana Sofia era simples, mas cheia de significados. Depois da morte de seu marido, há alguns anos, ela se dedicara à sua loja e à sua comunidade, sem grande desejo de mudar. O amor que sentira por Manuel, seu marido, ainda permanecia no fundo de seu coração, mas ela aprendera a seguir em frente. A loja lhe dava propósito, e a companhia dos clientes regulares sempre lhe trazia alegria. Ainda assim, algo dentro dela sentia que faltava algo.

Foi numa manhã de outono, quando o vento fresco soprou pelas árvores e as folhas douradas começaram a cair, que Ana Sofia notou um homem estranho entrando na loja. Ele não parecia ser da vila, e seu olhar pensativo e distante chamou a atenção dela. Ele se aproximou do balcão com uma leve hesitação, como se estivesse procurando algo, mas não sabia exatamente o quê.

"Bom dia, senhor. Em que posso ajudá-lo?" Ana Sofia perguntou com sua voz suave e acolhedora.

O homem sorriu timidamente e olhou para os pastéis de nata. "Vou levar um, por favor. Parece delicioso."

Ela o observou enquanto ele pegava o pastel e, depois de pagar, ele disse, quase como se estivesse falando consigo mesmo: "Minha mãe sempre me dizia que nada se compara a um bom pastel de nata."

Ana Sofia, surpresa pela familiaridade da frase, deu um passo à frente. "Você... conhece a receita, então?" perguntou, com curiosidade.

O homem olhou para ela e, por um momento, seu semblante suavizou. "Sim, conheço. Meu nome é Vicente, e... minha mãe costumava fazer algo muito parecido com isso. Eu... eu cresci em Lisboa, mas há muitos anos me mudei para outras terras."

"Você é de Lisboa?" Ana Sofia perguntou, ainda intrigada. "Você parece familiar, mas não me lembro de já ter visto você por aqui."

Vicente fez uma pausa, como se ponderasse suas palavras. "Eu... estive aqui antes, muitos anos atrás. Mas não em Monte Claro. Fui amigo do seu marido, Manuel. Viemos juntos a Monte Claro, quando éramos jovens. Eu... eu sou Vicente, e Manuel e eu compartilhamos algumas histórias. Ele era como um irmão para mim."

A revelação pegou Ana Sofia de surpresa. Seu coração deu um salto. Manuel nunca havia falado muito sobre seus amigos de infância, e ela não tinha ideia de que ele tivesse um amigo chamado Vicente. O mistério começou a crescer em sua mente, mas ela não quis demonstrar surpresa.

"Sinto muito pela demora, Vicente. Manuel... ele faleceu há algum tempo, mas eu sinto que ele ainda está por aqui, em cada canto da nossa casa, na nossa loja, até mesmo na maneira como preparamos os pastéis."

Vicente sorriu com uma tristeza gentil. "Ele sempre falava muito de você, Ana Sofia. Dizia que você tinha o dom de fazer as coisas parecerem simples, mas cheias de significado. Ele tinha razão."

A conversa continuou, e Vicente foi se tornando um visitante regular da pastelaria. À medida que as semanas se passavam, ele compartilhava histórias sobre os dias antigos, sobre Manuel e sua amizade, e Ana Sofia começou a ver seu marido de uma maneira que ela nunca imaginara. Ele não era apenas o homem com quem ela se casou, mas também um homem com um passado cheio de amizades e aventuras, de sonhos que ela nunca soubera.

Cada tarde, quando Vicente entrava na loja, Ana Sofia sentia como se estivesse descobrindo uma nova camada de sua própria vida, uma camada que até então não conhecia. E, aos poucos, Vicente também foi se tornando parte da vida da vila. Os moradores começaram a reconhecê-lo e a acolhê-lo, como se ele sempre tivesse pertencido a Monte Claro.

O tempo passou, e Ana Sofia começou a perceber que sua vida não precisava ser definida apenas pela perda. Em Vicente, ela encontrou uma nova amizade, e, sem perceber, a nostalgia e o mistério que o cercavam foram preenchendo o vazio que ela sentia. Ela começou a enxergar o amor de Manuel de uma forma mais ampla, não como uma memória de dor, mas como uma história que ainda poderia se desenrolar, de maneiras inesperadas e encantadoras.

"Monte Claro tem um jeito de curar as pessoas", disse Vicente em uma tarde chuvosa, enquanto saboreava um pastel de nata. "Aqui, o tempo não parece apressar as coisas, não é? Ele deixa as pessoas encontrarem o que precisam, no momento certo."

Ana Sofia sorriu e concordou. "Sim, é verdade. Acho que, às vezes, o que procuramos está bem diante de nós, mas é preciso paciência para enxergar."

A pequena loja de Ana Sofia continuou a ser o coração de Monte Claro. Sua pastelaria, com seus pastéis de nata e histórias compartilhadas, tornou-se mais do que um simples local para comprar doces. Era um lugar de encontros, de redescobertas, de amizades e de curas inesperadas. E, em cada pedaço de pastel, Ana Sofia sabia que seu marido ainda estava ali, não apenas em suas lembranças, mas também nos gestos e palavras de cada pessoa que passava por sua loja.

Ana Sofia's Little Shop

Monte Claro was a quiet village where the days passed slowly, as if time itself had decided to pause and let its residents savor the simple joy of being together. The houses, colorful and inviting, lined the narrow streets, and the sound of laughter and conversation always seemed to float through the air, bringing a comforting sense of community. At the heart of this village stood a little shop that was the center of many gatherings: Ana Sofia's pastry shop.

Ana Sofia was a woman with a warm smile and skillful hands. Her shop, The Sweet Tradition, was renowned for its secret pastel de nata recipe, passed down from her grandmother. The recipe had traveled through generations, and Ana Sofia had become its devoted guardian. Each pastry was a work of art, with its crispy crust and silky custard, capable of winning over even the most skeptical hearts. People traveled from far and wide to taste her creations, and in Monte Claro, Ana Sofia's shop was a cherished meeting place for everyone.

Ana Sofia's life was simple but full of meaning. After the loss of her husband, Manuel, a few years ago, she had poured her heart into her shop and her community, finding purpose in her work. The love she had shared with Manuel remained deep in her heart, but she had learned to carry on. Her shop gave her focus, and the familiar faces of her regular customers brought her joy. Yet, deep down, she sometimes felt that something was missing.

One crisp autumn morning, as the fresh wind rustled the golden leaves, Ana Sofia noticed a stranger walk into her shop. He didn't seem to be from the village, and his thoughtful, distant expression caught her attention. He approached the counter with a hint of hesitation, as if he were searching for something but wasn't sure what it was.

"Good morning, sir. How can I help you?" Ana Sofia asked in her warm and welcoming voice.

The man smiled shyly and glanced at the pastries. "I'll take one, please. It looks delicious."

She watched as he picked up the pastel de nata. After paying, he said, almost to himself, "My mother used to say there's nothing like a good pastel de nata."

Ana Sofia, surprised by the familiarity of the phrase, stepped closer. "You... know the recipe, then?" she asked, her curiosity piqued.

The man looked at her, his expression softening for a moment. "Yes, I do. My name is Vicente, and... my mother used to make something very similar. I grew up in Lisbon, but I've lived far away for many years."

"You're from Lisbon?" Ana Sofia asked, still intrigued. "You look familiar, but I don't recall ever seeing you here."

Vicente paused, as if weighing his words. "I... came here once, a long time ago. But not to Monte Claro. I was a friend of your husband, Manuel. We came to this area when we were young. I'm Vicente, and Manuel and I shared some stories. He was like a brother to me."

Ana Sofia's heart skipped a beat. Manuel had rarely spoken of his childhood friends, and she had no idea he had a friend named Vicente. A quiet mystery began to unfold in her mind, but she kept her composure. "I'm sorry for the delay in meeting you, Vicente. Manuel... he passed away some time ago, but I feel like he's still here—in every corner of our home, in this shop, even in the way I prepare these pastries."

Vicente smiled with a gentle sadness. "He always spoke so fondly of you, Ana Sofia. He said you had a gift for making life feel simple yet full of meaning. He was right."

Their conversation deepened, and Vicente soon became a regular visitor to the pastry shop. As the weeks went by, he shared stories about the old days, about Manuel and their friendship. Ana Sofia began to see her husband in a new light—not just as the man she had married, but as someone with a rich past filled with friendships, adventures, and dreams she had never known.

Each afternoon, when Vicente walked into the shop, Ana Sofia felt as though she were uncovering a new chapter of her own life, one she hadn't realized existed. And gradually, Vicente became a part of the village's life as well. The locals grew to recognize him and welcomed him as though he had always belonged to Monte Claro.

Time passed, and Ana Sofia began to realize that her life didn't have to be defined by loss. In Vicente, she found a new friendship, and without even noticing, the nostalgia and mystery surrounding him began to fill the void she had felt. She started to see her love for Manuel in a broader sense—not just as a memory tinged with sorrow, but as a story still unfolding in unexpected and heartwarming ways.

"Monte Claro has a way of healing people," Vicente said one rainy afternoon as he enjoyed a pastel de nata. "Time here doesn't seem to rush; it lets people find what they need, in its own way."

Ana Sofia smiled and nodded. "Yes, that's true. I think sometimes what we're looking for is right in front of us, but it takes patience to see it."

Ana Sofia's little shop continued to be the heart of Monte Claro. Her pastry shop, with its pastel de nata and shared stories, became more than just a place to buy sweets. It was a place for encounters, rediscoveries, friendships, and unexpected healing. And with each pastry, Ana Sofia felt that her husband was still there—not just in her memories, but in the gestures and words of everyone who passed through her shop.

24

A Última Estação

A pequena Estação das Pedras, aninhada entre colinas escuras e campos vastos, parecia isolada do resto do mundo. Quando Luís e Helena a tomaram para si, muitos anos atrás, a estação era o centro da vida na região. As locomotivas que passavam todos os dias, com seus apitos longos e estrondosos, traziam movimento e esperança àquela terra esquecida. Mas o tempo passou, e as locomotivas começaram a diminuir, os trilhos enferrujados, e a estação perdeu o brilho de sua juventude.

Hoje, a Estação das Pedras era apenas uma sombra do que fora. Luís e Helena, ambos envelhecendo com o passar dos dias, eram os últimos a cuidar de uma estação que logo seria fechada. O trem que ainda passava uma vez por dia, vindo de lugares distantes, agora já não trazia mais passageiros, mas apenas uma melancolia silenciosa. O velho edifício de pedra, desgastado pelo tempo, parecia se inclinar contra o peso das lembranças.

Luís era um homem de poucas palavras, sério e marcado pela vida. Seu rosto, cheio de rugas e linhas profundas, refletia os anos de trabalho árduo, mas também os remorsos não ditos. Ele sempre se preocupou mais com o dever do que com os sentimentos, mais com o que era certo do que com o que desejava. A estação era sua vida, sua obsessão, seu legado. Mas Helena, que sempre o amou com um carinho paciente, sabia que a verdadeira batalha de Luís não era contra o fechamento da estação, mas contra o passado que o assombrava.

"Luís, a estação vai fechar. Não podemos mais sustentar isso", disse Helena certa manhã, enquanto ele trabalhava no reparo de um dos trilhos. "É hora de pensarmos no futuro."

Ele parou o que estava fazendo e olhou para ela, seus olhos cansados. "O futuro?" repetiu, como se a palavra tivesse um gosto amargo. "Eu não sei o que fazer com isso. Esta estação é tudo o que fiz. Não posso deixar que morra assim, sem mais nem menos."

Helena suspirou. "Eu sei, mas a vida não vai esperar. O que precisamos agora, Luís, é lidar com o que ficou para trás."

O olhar de Luís se perdeu por um momento, como se ele estivesse tentando enxergar algo que não podia mais alcançar. No fundo, ele sabia o que ela queria dizer, mas não estava pronto para enfrentar o peso da verdade.

A estação já não recebia mais carga, e os poucos passageiros que ali desciam eram locais que vinham apenas para dar uma última olhada. Era um cenário desolado, e Luís não sabia como reagir. Ele não queria sair dali, mas também não sabia o que faria se a estação realmente fechasse. Ele havia dedicado toda a sua vida àquele trabalho, e agora, na última estação da sua existência, parecia que tudo o que ele fizera havia sido em vão.

"Luís", disse Helena em um tom suave, "você se lembra de nosso filho, Marco?"

Luís afastou-se, irritado com a menção do nome. "Eu sei o que você está tentando fazer, Helena. Não temos mais nada a ver com Marco."

Ela o olhou com uma mistura de tristeza e compreensão. "Mas ele ainda está lá fora, Luís. Ele ainda é nosso filho. Ele..."

"Não!" Luís interrompeu, a voz mais forte do que pretendia. "Ele se foi, Helena. Ele fez a escolha dele, e eu fiz a minha. E é isso. Eu não vou mais abrir essa ferida."

Helena o observou em silêncio, tentando entender a dor profunda que ele carregava. Ela sabia que o afastamento de Marco havia sido o ponto de ruptura na vida de Luís. O filho, que havia se rebelado contra o rígido controle do pai e deixado a casa quando ainda era jovem, foi a grande decepção de Luís. Ele se sentia traído, e o orgulho o impedia de buscar uma reconciliação.

Nos anos que se seguiram, Marco havia tentado entrar em contato com o pai, mas Luís sempre recusara. O orgulho e a raiva eram mais fortes do que o desejo de fazer as pazes. Mas com o fechamento da estação e o peso do envelhecimento, Luís começou a sentir o vazio da sua escolha. A solidão da estação, agora mais do que nunca, refletia a solidão de sua vida pessoal. Ele estava envelhecendo, e o arrependimento começava a apertar o coração de um homem que nunca soubera como perdoar.

Certa manhã, enquanto ele e Helena tomavam o café na plataforma vazia, o som distante de um trem pôde ser ouvido. Mas o trem não estava vindo da cidade vizinha; era um trem velho e enferrujado, algo que ninguém mais esperaria. O trem parou na estação, e alguém desceu. O homem que saiu da locomotiva estava curvado pelo tempo, mas o olhar que ele lançou a Luís e Helena era familiar. Era Marco, o filho que ele havia perdido.

"Pai... Mãe..." Marco disse, a voz carregada de emoção. "Eu sei que esperei muito para fazer isso, mas eu precisava vir. Eu precisava ver você antes que fosse tarde demais."

Luís ficou paralisado. Ele não sabia o que dizer. A raiva e a dor antigas se misturavam com algo novo, algo mais suave. Seu coração estava apertado, e ele sentia como se a estação, aquela última estação de sua vida, estivesse agora pedindo-lhe para fazer a única coisa que ele não sabia fazer: perdoar.

"Marco..." Luís disse, sua voz falhando. Ele não sabia o que mais poderia dizer. A raiva ainda estava lá, mas havia algo mais, algo mais profundo que ele não poderia negar. "Sente-se. Vamos conversar."

E assim, naquela tarde cinzenta, na última estação da sua vida, Luís e Marco começaram a reconstruir o que havia sido perdido. As palavras de perdão, que nunca haviam sido ditas, começaram a fluir entre eles, como se o tempo, finalmente, estivesse se ajustando ao seu curso. Helena, que sempre soubera que o perdão era a chave, olhou para o horizonte e sentiu uma leveza no ar.

A Estação das Pedras, mesmo que prestes a fechar, havia cumprido seu papel. Não como um ponto de passagem para trens, mas como um lugar onde o passado e o presente finalmente se encontraram. E, para Luís, talvez aquele fosse o verdadeiro significado de redenção.

The Last Station

The small Pedra Station, nestled among dark hills and sprawling fields, seemed isolated from the rest of the world. When Luís and Helena took over its management many years ago, the station was the heart of the region's life. The locomotives that passed daily, with their long, thunderous whistles, brought movement and hope to this forgotten land. But time passed, the locomotives grew fewer, the tracks rusted, and the station lost the glow of its youth.

Today, Pedra Station was just a shadow of what it once was. Luís and Helena, both aging with the passing days, were the last caretakers of a station that would soon close. The train that still passed once a day, coming from faraway places, no longer carried passengers—only a silent melancholy. The old stone building, worn down by time, seemed to lean against the weight of its memories.

Luís was a man of few words, serious and marked by life. His face, full of wrinkles and deep lines, reflected years of hard work but also unspoken regrets. He had always cared more about duty than emotions, more about what was right than what he wanted. The station was his life, his obsession, his legacy. But Helena, who had always loved him with patient affection, knew that Luís's real battle wasn't against the closure of the station but against the past that haunted him.

"Luís, the station is going to close. We can't keep this up anymore," Helena said one morning as he worked on repairing one of the tracks. "It's time we think about the future."

He stopped what he was doing and looked at her, his tired eyes weary. "The future?" he repeated, as if the word tasted bitter. "I don't know what to do with that. This station is all I've ever done. I can't just let it die like this, without a fight."

Helena sighed. "I know, but life won't wait. What we need now, Luís, is to deal with what's been left behind."

Luís's gaze drifted off for a moment, as though he were trying to see something he could no longer reach. Deep down, he knew what she meant, but he wasn't ready to face the weight of the truth.

The station no longer received cargo, and the few passengers who stopped by were locals, coming only for one last look. It was a desolate scene, and Luís didn't know how to react. He didn't want to leave, but he also didn't know what he would do if the station truly closed. He had poured his entire life into this work, and now, at the last station of his existence, it felt like everything he had done had been in vain.

"Luís," Helena said softly, "do you remember our son, Marco?"

Luís stiffened at the mention of the name. "I know what you're trying to do, Helena. We have nothing to do with Marco anymore."

She looked at him with a mix of sadness and understanding. "But he's still out there, Luís. He's still our son. He..."

"No!" Luís interrupted, his voice louder than he intended. "He's gone, Helena. He made his choice, and I made mine. That's it. I'm not reopening that wound."

Helena watched him in silence, trying to understand the deep pain he carried. She knew that Marco's estrangement had been the breaking point in Luís's life. Their son, who had rebelled against his father's rigid control and left home while still young, was Luís's greatest disappointment. Luís felt betrayed, and his pride stopped him from seeking reconciliation.

Over the years, Marco had tried to reach out to his father, but Luís had always refused. His pride and anger were stronger than the desire to make amends. But with the closure of the station and the weight of age, Luís began to feel the emptiness of his decision. The solitude of the station now mirrored the solitude of his personal life. He was growing older, and regret was starting to tighten its grip on the heart of a man who had never known how to forgive.

One morning, as he and Helena sipped their coffee on the empty platform, a distant sound of a train could be heard. But the train wasn't coming from the neighboring town; it was old and rusted, something no one expected anymore. The train stopped at the station, and someone got off. The man who stepped off the locomotive was bent by time, but the look he gave Luís and Helena was familiar. It was Marco, the son they had lost.

"Father... Mother..." Marco said, his voice heavy with emotion. "I know I've waited too long to do this, but I had to come. I had to see you before it was too late."

Luís froze. He didn't know what to say. The old anger and pain mingled with something new, something softer. His heart tightened, and he felt as though the station—this last station of his life—was now asking him to do the one thing he didn't know how to do: forgive.

"Marco..." Luís said, his voice faltering. He didn't know what else to say. The anger was still there, but so was something deeper, something undeniable. "Sit down. Let's talk."

And so, on that gray afternoon, at the last station of his life, Luís and Marco began to rebuild what had been lost. The words of forgiveness, which had never been spoken, started to flow between them, as though time had finally aligned itself with its true course. Helena, who had always known that forgiveness was the key, looked out toward the horizon and felt a lightness in the air.

Pedra Station, even as it prepared to close, had fulfilled its purpose—not as a waypoint for trains, but as a place where the past and the present could finally meet. And for Luís, perhaps this was the true meaning of redemption.

O Quarto Azul

Mariana chegou à Casa do Horizonte em uma manhã cinzenta de novembro. A mansão, com suas paredes gastas pelo tempo e o jardim que parecia ter sido esquecido pela estação, estava imersa em uma quietude que lhe dava uma sensação estranha de pertencimento. Ela procurava um lugar para escrever, um refúgio onde pudesse se concentrar e deixar suas ideias fluírem para o papel. Quando o proprietário da casa a levou até o andar superior, ela se deparou com o quarto azul, uma sala com janelas altas que davam vista para o campo vasto e silencioso.

Era um espaço simples, com mobília antiga, mas o tom azulado das paredes e o cheiro de madeira envelhecida davam-lhe uma sensação de acolhimento. Era ali que ela passaria os próximos meses, imersa em seu primeiro romance, seu primeiro mergulho nas profundezas de sua própria criatividade. O dono da casa, um homem idoso e gentil, mencionou algo sobre o antigo ocupante do quarto, mas Mariana não prestou muita atenção. Ele se chamava Francisco, um poeta cuja fama tinha se esvaído com o passar dos anos. A única coisa que restara dele eram seus cadernos, abandonados nas gavetas da escrivaninha.

Nos primeiros dias, Mariana se dedicou ao trabalho de forma quase compulsiva. A história que queria contar já a consumia, e as palavras fluíam com facilidade. Ela mal percebeu o quanto o ambiente ao redor parecia se misturar com sua escrita. As paredes do quarto, o murmúrio do vento nas árvores do jardim, e o silêncio profundo que a cercava eram ingredientes fundamentais da sua inspiração. À noite, quando se deitava, os sonhos começaram a tomar um tom peculiar, como se as ideias que surgiam enquanto escrevia estivessem conectadas de alguma forma com o próprio espírito da casa.

Em uma noite particularmente silenciosa, após um dia de escrita intensa, Mariana foi até a escrivaninha e, movida por uma curiosidade inexplicável, começou a folhear os cadernos de Francisco. A caligrafia era delicada, as palavras fluíam com a mesma suavidade da brisa que entrava pela janela. Ela leu alguns trechos de poemas que falavam sobre o vazio, sobre a busca incessante por algo perdido, e uma sensação de tristeza profunda que parecia emanar de cada página. Mas havia algo mais, algo que a fazia sentir uma conexão íntima com aquelas palavras, como se elas refletissem algo que ela mesma sentia, mas não sabia como expressar.

Aquela noite, Mariana não conseguiu dormir. A cada linha que lia, ela se sentia mais próxima de Francisco, mais próxima de uma parte dela mesma que ainda não compreendia. Ela sentiu como se o quarto azul, o próprio espaço que ela habitava, estivesse impregnado com a essência de Francisco, como se o tempo tivesse se curvado de uma forma estranha e elas, duas almas solitárias, estivessem unidas através da escrita. A sensação de estar sendo observada, de ter um espectador invisível ao seu lado, era algo novo, mas não desconfortável.

Nos dias seguintes, Mariana notou mudanças sutis em seus pensamentos e no rumo de sua escrita. O que antes era uma história clara e estruturada começou a se desdobrar de maneiras inesperadas. As palavras de Francisco se entrelaçaram com as dela, como se ele estivesse, de alguma forma, guiando sua mão. Ela escrevia de madrugada, quando o silêncio da casa parecia se aprofundar, e a cada parágrafo parecia sentir a presença de algo além de sua própria criatividade. Era como se ela estivesse escrevendo não apenas uma história, mas também uma carta para Francisco, para a sua memória, para a sua alma que ainda habitava aquele quarto.

Aos poucos, a linha entre realidade e imaginação começou a se borrar. Mariana se viu questionando não só o que estava criando, mas quem ela realmente era. Em seus sonhos, Francisco apareceu. Ele estava sentado à escrivaninha, sua face pálida iluminada pela luz suave da manhã. Ele a olhou com um sorriso enigmático e disse: "Você sabe que a escrita não é apenas um ato de criar, mas também de destruir. Cada palavra que você escreve é uma perda."

Essas palavras ficaram gravadas na mente de Mariana como uma cicatriz. Ela começou a se sentir dividida entre o que escrevia e o que sentia. O romance, que antes parecia ser sua própria história, agora se desdobrava como a história de Francisco, e ela não sabia mais onde ele terminava e ela começava. A identidade que ela construía para si mesma através da escrita parecia estar sendo moldada e desfeita por forças invisíveis.

O tempo passou, e o verão cedeu lugar ao outono. A cada semana, Mariana se via mais distante de sua própria realidade, mais envolvida no universo que havia sido criado pela combinação de suas palavras e as de Francisco. Ela percebeu que o quarto azul, com suas paredes imperturbáveis e seu silêncio quase religioso, não era apenas um espaço físico, mas também um espaço mental, uma prisão para as suas ideias. Cada vez que ela escrevia, sentia-se mais confinada, mais incapaz de escapar daquele ciclo criativo que parecia engolir sua própria identidade.

Em uma manhã fria de novembro, Mariana decidiu abandonar a casa. Ela empacotou seus pertences e deixou os cadernos de Francisco na escrivaninha, como se, ao fazer isso, estivesse finalmente libertando-se de algo que a havia aprisionado. O quarto azul, com sua aura misteriosa e sua beleza melancólica, ficou para trás, mas algo em Mariana havia mudado para sempre. Ela não sabia ao certo o que o futuro reservava, mas sabia que, de alguma forma, as palavras de Francisco, e o espaço onde elas nasceram, tinham se tornado parte dela.

Ela olhou para a mansão pela última vez antes de fechar a porta atrás de si. A Casa do Horizonte, agora distante, parecia seguir seu próprio caminho, enquanto Mariana começava a escrever sua própria história, com uma compreensão mais profunda de que a identidade, como a escrita, é um campo em constante mutação, onde o passado e o presente se entrelaçam de formas que às vezes não podemos entender.

The Blue Room

Mariana arrived at Horizon House on a gray November morning. The mansion, with its weathered walls and a garden seemingly forgotten by the seasons, exuded a stillness that gave her a strange sense of belonging. She was searching for a place to write, a sanctuary where her ideas could flow freely onto the page. When the owner of the house led her upstairs, she found herself in the blue room, a space with tall windows overlooking the vast, silent fields.

It was a simple room, furnished with antique pieces, yet the bluish hue of the walls and the faint scent of aged wood gave it a welcoming air. This would be her home for the next few months, her retreat as she embarked on her first novel—a plunge into the depths of her own creativity. The house's owner, a kind, elderly man, mentioned something about the room's former occupant, but Mariana didn't pay much attention. His name was Francisco, a poet whose fame had faded with time. All that remained of him were his notebooks, abandoned in the drawers of the desk.

In the early days, Mariana threw herself into her work with near-obsessive fervor. The story she wanted to tell consumed her, and the words came easily. She barely noticed how the environment seemed to seep into her writing. The room's blue walls, the murmur of the wind through the garden trees, and the profound silence around her became vital elements of her inspiration. At night, as she lay down to sleep, her dreams took on an unusual quality, as though the ideas she was shaping while awake were tethered to the spirit of the house.

One particularly silent night, after a day of intense writing, Mariana approached the desk, driven by an inexplicable curiosity, and began to leaf through Francisco's notebooks. His handwriting was delicate, the words flowing as smoothly as the breeze through the open window. She read fragments of poems about emptiness, about an endless search for something lost, and a deep sadness that seemed to emanate from every page. But there was something else—an inexplicable connection she felt to those words, as though they mirrored emotions she had not yet articulated.

That night, Mariana couldn't sleep. Each line she read drew her closer to Francisco, to a part of herself she didn't yet understand. It felt as though the blue room, the very space she inhabited, was steeped in Francisco's essence, as if time had bent in some strange way, linking their solitary souls through their shared act of writing. The sensation of being watched, of having an unseen observer by her side, was unfamiliar but not unsettling.

In the days that followed, Mariana noticed subtle shifts in her thoughts and in the direction of her writing. What had once been a clear, structured narrative began to unfold in unexpected ways. Francisco's words wove themselves into her own, as if he were guiding her hand. She wrote late into the night when the house's silence seemed deepest, and with each paragraph, it felt as though she was crafting not just a story, but a letter to Francisco, to his memory, to the soul that still lingered in the room.

Gradually, the boundary between reality and imagination began to blur. Mariana found herself questioning not only what she was creating but who she truly was. In her dreams, Francisco appeared. He sat at the desk, his pale face lit by the soft morning light. He looked at her with an enigmatic smile and said: "You know that writing is not just an act of creation but also of destruction. Every word you write is a loss."

Those words etched themselves into Mariana's mind like a scar. She began to feel torn between what she wrote and what she felt. The novel, once clearly hers, now unfolded as Francisco's story, leaving her uncertain where he ended and she began. The identity she had been constructing for herself through her writing seemed to be shaped and unraveled by invisible forces.

Time passed, and summer gave way to autumn. With each week, Mariana felt further removed from her reality and more entangled in the universe born of the fusion of her words and Francisco's. She realized that the blue room, with its unyielding walls and its almost sacred silence, was not merely a physical space but a mental one—a prison for her thoughts. Every word she wrote deepened her confinement, rendering her less able to escape the creative cycle that seemed to consume her very sense of self.

One cold November morning, Mariana decided to leave the house. She packed her belongings and left Francisco's notebooks in the desk drawer, as though doing so would free her from whatever had bound her. The blue room, with its mysterious aura and melancholic beauty, was left behind, but something within Mariana had changed forever. She wasn't sure what the future held, but she knew that, somehow, Francisco's words and the space where they were born had become a part of her.

She looked back at the mansion one last time before closing the door behind her. Horizon House, now a distant silhouette, seemed to retreat into its own path as Mariana began writing her story anew. She had a deeper understanding now—that identity, like writing, is an ever-shifting landscape where past and present intertwine in ways that often defy comprehension.

Os Sussurros de Verão

Lúcia nunca imaginou que o verão, tão esperado e prometido, fosse se transformar em uma temporada de revelações e decisões difíceis. A Quinta do Sol, com suas colinas suaves e campos de lavanda que se estendiam até onde a vista alcançava, parecia o cenário perfeito para um retiro. A convite de uma amiga, ela havia decidido passar as férias no campo, longe do ritmo frenético da cidade, onde os dias eram sempre ocupados por lições, responsabilidades e pequenas frustrações. A promessa de descanso, porém, parecia agora um tanto ilusória.

A casa era grande, antiga e acolhedora, com móveis rústicos e um cheiro suave de madeira que misturava o antigo com o novo. Havia outros convidados, todos vindos de lugares diferentes, com histórias próprias e expectativas de descanso e reflexão. Lúcia não conhecia ninguém ali, exceto por Clara, que a havia convidado para a viagem. Clara era uma amiga de longa data, mas, apesar de sua presença reconfortante, Lúcia sentia-se isolada, como se estivesse flutuando em um espaço entre o passado e o futuro, sem se sentir realmente parte do presente.

À noite, o grupo se reunia para jantares longos e descontraídos. As conversas fluíam naturalmente, mas havia algo de velado no ar, como se todos ali estivessem disfarçando algo, escondendo pedaços de si mesmos. No primeiro jantar, ela conheceu Rafael, um escritor cuja personalidade enigmática a atraía, mas que também a deixava desconfortável. Ele parecia observar todos com um olhar atento e distante, como se buscasse algo nos outros, ou talvez, escondesse algo sobre si mesmo. Ao seu lado estava Teresa, uma mulher de palavras sempre cuidadosas, mas com os olhos inquietos, como se estivesse sempre à beira de uma revelação.

Mas foi com Lucas, o cozinheiro e dono da Quinta, que Lúcia começou a sentir uma conexão genuína. Ele era um homem de poucos gestos e falava pouco, mas tinha uma maneira tranquila de ser, como se soubesse todas as respostas sem precisar pronunciá-las. Sua cozinha era o centro da casa, e a comida que preparava era mágica — simples, mas cheia de alma. Lúcia passava horas ali, ao lado dele, ajudando com as tarefas mais simples e observando-o de perto. Ele nunca falava sobre seu passado, mas a sua presença parecia sempre trazer um tipo de sabedoria serena.

Nos primeiros dias, as conversas giravam em torno de trivialidades. O clima ameno do campo, as paisagens que mudavam ao longo do dia, as estrelas que se espalhavam pelo céu noturno. Mas com o passar das semanas, algo começou a mudar. As conversas se aprofundaram e começaram a tocar nas questões mais íntimas, nas escolhas e nos arrependimentos, nos amores perdidos e nas promessas não cumpridas. À medida que a noite avançava e o vinho se tornava mais abundante, os sussurros se tornaram mais ousados, os segredos mais palpáveis. Ninguém falava diretamente sobre seus desejos e medos, mas todos sentiam, como uma corrente subterrânea, que algo não dito os conectava.

Lúcia, observadora silenciosa, começou a perceber uma tensão crescente entre Rafael e Teresa. Era uma tensão que não se via, mas que estava no ar, nas palavras que não foram ditas, nos olhares furtivos. Lucas parecia alheio a tudo isso, ou talvez fosse apenas mais habilidoso em esconder sua percepção. Ele continuava a preparar as refeições, a guiar os outros nas caminhadas ao redor da quinta, mas seus olhos observavam com uma profundidade que Lúcia não podia compreender.

Em uma dessas noites, depois de um jantar especialmente animado, quando os outros se retiraram para o salão, Lúcia ficou sozinha na varanda, observando as estrelas e tentando processar tudo o que estava acontecendo ao seu redor. Foi quando Lucas se aproximou. Ele não disse nada de imediato, mas sentou-se ao seu lado, seu silêncio confortável e familiar.

"Eu sempre pensei que um lugar como este fosse um refúgio. Mas aqui, tudo parece mais claro do que nunca", disse Lúcia, olhando para ele, esperando alguma resposta.

Ele sorriu, um sorriso sereno, e olhou para o horizonte. "Às vezes, a paz só pode ser encontrada quando paramos de fugir das perguntas."

Lúcia se sentiu tocada por aquelas palavras. Ela sabia que estava em um ponto de virada em sua vida, uma encruzilhada onde o passado e o presente se encontravam de maneira inesperada. Ela tinha vindo para o retiro em busca de respostas, mas o que encontrava ali eram mais perguntas, questões que ela não estava pronta para enfrentar.

A noite seguinte foi diferente. As conversas ficaram mais intensas, mais pessoais, mais reveladoras. Teresa, em um momento de vulnerabilidade, revelou a Lúcia que havia perdido um grande amor há muitos anos e que, por isso, tinha medo de se entregar novamente. Rafael, por sua vez, falou sobre suas inseguranças como escritor, sobre o medo de que suas palavras nunca alcançassem a verdade que ele buscava. Mas o maior impacto veio quando Lucas, em uma conversa privada com Lúcia, confessou algo que ninguém sabia — ele havia abandonado uma vida de luxo e uma família rica para viver no campo, procurando, ele mesmo, por algo que não conseguia encontrar.

"Às vezes, é preciso deixar tudo para trás para entender quem realmente somos", ele disse com uma sinceridade que tocou o fundo do coração de Lúcia.

O verão na Quinta do Sol estava chegando ao fim, e com ele, o tempo que ela passaria ali também. Mas o que ficou não foi apenas as memórias dos jantares, das conversas ou dos risos compartilhados. O que ficou foi uma sensação de que, naquele lugar afastado do mundo, Lúcia tinha encontrado as peças de um quebra-cabeça maior, que ela ainda não sabia como montar. Ela não sabia o que o futuro lhe reservaria, mas sabia que algo dentro dela havia mudado. Algo que havia sido tocado pelos sussurros daquele verão, pelas histórias compartilhadas e pelas verdades não ditas. 44

No último dia, antes de partir, Lúcia olhou para a Quinta do Sol pela última vez. O campo estava calmo, as árvores ainda balançavam suavemente ao vento. O que ela levaria consigo não seriam apenas os momentos passados ali, mas a sensação de que, às vezes, o maior aprendizado da vida vem quando se para e se escuta, quando se permite sentir e viver os momentos silenciosos.

E assim, com o coração mais leve, Lúcia deixou a Quinta do Sol, sabendo que a jornada verdadeira, a mais importante, ainda estava por vir.

The Whispers of Summer

Lúcia had never imagined that the long-anticipated summer, full of promises, would turn into a season of revelations and difficult decisions. The Quinta do Sol, with its gentle hills and lavender fields stretching as far as the eye could see, seemed the perfect setting for a retreat. Invited by a friend, she had decided to spend her vacation in the countryside, far from the frantic pace of city life, where her days were filled with lessons, responsibilities, and minor frustrations. But the promise of rest now seemed somewhat elusive.

The house was large, old, and welcoming, with rustic furniture and a soft scent of wood that blended the old with the new. Other guests had arrived, each from different places, carrying their own stories and expectations for relaxation and reflection. Lúcia knew no one there except Clara, who had invited her. Clara was a longtime friend, and although her presence was comforting, Lúcia felt isolated, as if suspended between the past and the future, unable to fully inhabit the present.

At night, the group gathered for long, relaxed dinners. Conversations flowed naturally, but there was something veiled in the air, as though everyone was disguising something, hiding pieces of themselves. At the first dinner, she met Rafael, a writer whose enigmatic personality intrigued her but also made her uneasy. He seemed to watch everyone with a keen, distant gaze, as though searching for something in others—or perhaps concealing something about himself. Beside him sat Teresa, a woman whose words were always careful, though her restless eyes seemed constantly on the verge of revealing a secret.

But it was with Lucas, the cook and owner of the Quinta, that Lúcia began to feel a genuine connection. He was a man of few gestures and fewer words, but he had a calm demeanor, as if he knew all the answers without needing to voice them. His kitchen was the heart of the house, and the food he prepared was magical—simple but full of soul. Lúcia spent hours there, helping with small tasks and observing him closely. He never spoke of his past, but his presence seemed to carry a serene wisdom.

During the first few days, conversations revolved around trivialities: the mild countryside weather, the landscapes that changed with the light, the stars scattered across the night sky. But as the weeks passed, something began to shift. The conversations deepened, touching on intimate matters—choices and regrets, lost loves, and unfulfilled promises. As the evenings wore on and the wine flowed more freely, whispers grew bolder, secrets more tangible. No one spoke directly of their desires or fears, yet everyone felt, like an undercurrent, an unspoken connection.

Lúcia, a quiet observer, began to sense a growing tension between Rafael and Teresa. It wasn't visible but hung in the air, in unspoken words and fleeting glances. Lucas seemed oblivious to it all—or perhaps he was simply better at hiding his awareness. He continued to prepare meals, guide guests on walks around the property, and observe with a depth Lúcia could not comprehend.

One evening, after an especially lively dinner, when the others had retreated to the lounge, Lúcia stayed alone on the porch, gazing at the stars and trying to process everything unfolding around her. That was when Lucas approached. He didn't speak at first but sat beside her, his silence comforting and familiar.

"I always thought a place like this would be a refuge. But here, everything seems clearer than ever," Lúcia said, looking at him, hoping for a response.

He smiled, a serene smile, and looked toward the horizon. "Sometimes, peace only comes when we stop running from the questions."

Lúcia was struck by his words. She knew she was at a turning point in her life—a crossroads where the past and present converged in unexpected ways. She had come to this retreat seeking answers, but instead, she found more questions, ones she wasn't ready to face.

The next evening was different. The conversations grew more intense, more personal, more revealing. Teresa, in a moment of vulnerability, confided in Lúcia about a great love she had lost years ago and her fear of opening her heart again. Rafael, for his part, spoke of his insecurities as a writer, his fear that his words would never capture the truth he sought. But the most profound moment came when Lucas, in a private conversation with Lúcia, revealed a secret no one else knew—he had abandoned a life of luxury and a wealthy family to live in the countryside, searching for something he still hadn't found.

"Sometimes, you have to leave everything behind to understand who you really are," he said with a sincerity that touched Lúcia deeply.

The summer at Quinta do Sol was drawing to a close, and with it, her time there. But what lingered wasn't just the memories of dinners, conversations, or shared laughter. What remained was the feeling that, in that secluded place, Lúcia had found pieces of a larger puzzle she didn't yet know how to assemble. She didn't know what the future held, but she knew something within her had shifted—something touched by the whispers of that summer, the shared stories, and the unspoken truths.

On the last day, before leaving, Lúcia took one final look at Quinta do Sol. The fields were calm, the trees swayed gently in the breeze. What she carried with her wasn't just the moments spent there, but the sense that life's greatest lessons often come when we stop and listen—when we allow ourselves to feel and live through the silent moments.

And so, with a lighter heart, Lúcia left Quinta do Sol, knowing that the real journey—the most important one—was yet to come.

48

A Noiva Perdida

Clara havia imaginado mil vezes como seria o início de sua vida de casada. Ela se via em um lugar tranquilo, em uma casa com jardins floridos, cercada pelo amor de um marido atento e a promessa de uma felicidade eterna. Porém, ao chegar na Casa das Névoas, um imponente casarão no topo de uma colina, cercado por uma névoa espessa que parecia não se dissipar, tudo o que Clara encontrou foi uma sensação inquietante de que algo estava muito errado.

O casarão, com suas paredes antigas e uma fachada coberta de hera, parecia um lugar retirado do tempo. A névoa constante que envolvia a casa parecia absorver o som, deixando o ambiente silencioso demais, como se o lugar guardasse segredos que não queriam ser revelados. Clara tentou ignorar a sensação de desconforto que a dominava, dizendo a si mesma que isso era apenas a novidade do local, a adaptação ao novo lar, à nova vida.

Seu marido, Álvaro, era um homem de poucas palavras, mas com um olhar profundo e um comportamento sempre calmo. Ele parecia encantado por sua felicidade, mas também um pouco distante, como se estivesse presente, mas com a mente em outro lugar. Clara o amava com todo o seu ser, mas algo nela começava a duvidar da perfeição de sua união.

Na primeira noite, depois de um jantar simples, Clara percebeu uma fotografia pendurada na parede da sala de estar. Era uma foto de Álvaro e uma mulher sorrindo, com uma expressão doce e serena. A mulher tinha uma beleza inegável, mas algo nela parecia familiar, como se Clara já tivesse visto aqueles olhos em algum lugar. Ela perguntou a Álvaro sobre a fotografia, mas ele apenas hesitou por um momento antes de responder.

"É minha primeira esposa, Leonor", ele disse com um tom que soava quase impessoal. "Ela faleceu há alguns anos."

Clara não soubera o que dizer. Ela sabia que Álvaro tinha sido casado antes, mas nunca imaginara que ele ainda mantivesse uma foto tão visível da mulher falecida. O fato de ele mencionar Leonor com tamanha frieza a deixou com uma sensação desconfortável. Mas ela tentou afastar esses pensamentos. Afinal, ela estava ali para começar uma nova vida.

Nos dias seguintes, Clara começou a explorar a casa e, para sua surpresa, descobriu uma série de cartas antigas, escondidas em uma gaveta de um dos móveis no quarto principal. As cartas eram de Leonor para Álvaro, e embora parecessem em um primeiro olhar ser simples expressões de amor, algo nas palavras delas a deixou inquieta. Havia uma obsessão nas cartas, uma adoração intensa e possessiva, e em algumas delas, Leonor mencionava uma sensação de perda e desesperança, como se algo a estivesse consumindo.

Ao voltar para o casarão depois de uma caminhada no jardim, Clara foi surpreendida por uma sensação estranha de que não estava sozinha. A névoa, que se acumulava ao redor da casa, parecia mais densa naquela tarde, envolvendo os corredores e tornando a luz fraca e sombria. Ela seguiu o som suave de passos ecoando pelo corredor, mas quando entrou na sala de estar, não havia ninguém lá. Só o silêncio.

Mas algo havia mudado. No canto da sala, onde antes estava apenas a mesa de chá, agora havia uma cadeira de balanço que parecia ter sido movida. Clara sentiu uma onda de frio percorrer sua espinha. Ela não sabia o que pensar. A ideia de que Leonor ainda estivesse, de alguma forma, presente naquela casa começou a tomar forma em sua mente.

Na noite seguinte, Clara teve um pesadelo. Sonhou com Leonor, que aparecia diante dela, pálida e com os olhos cheios de uma tristeza profunda. Ela estendia a mão para Clara, como se pedisse ajuda, mas

Clara não podia se mover. Uma sensação de sufocamento a dominava, e quando finalmente acordou, estava suada e com o coração acelerado. Ao se levantar, a névoa densa lá fora parecia ter se infiltrado em cada canto da casa, preenchendo o ambiente com uma sensação de claustrofobia.

Determined to uncover the truth, Clara began searching the house for more clues. She discovered a hidden room in the attic, its door sealed shut as if no one had entered in years. Dentro, havia mais cartas de Leonor e alguns objetos pessoais que Clara reconheceu como sendo de sua própria esposa. Porém, entre os objetos, havia uma carta final de Leonor, escrita pouco antes de sua morte.

A carta descrevia um desejo de fugir, de deixar tudo para trás, mas mencionava algo perturbador: "Eu sei o que ele fez, e agora você saberá também." Ao ler essas palavras, Clara sentiu uma onda de terror percorrer seu corpo. O que ela tinha descoberto? O que realmente havia acontecido com Leonor? E como isso se conectava ao comportamento misterioso de Álvaro?

Naquela noite, Clara confrontou seu marido. Ele a olhou com uma calma fria, quase distante, e começou a explicar, mas a história que ele contou era diferente daquela que Clara havia imaginado. Ele falou sobre um acidente trágico, sobre como Leonor não conseguiu lidar com a perda de um filho, mas as palavras soavam vazias. Algo nele estava quebrado, algo que Clara não podia mais ignorar.

Finalmente, ela se deu conta de que não poderia mais viver naquele lugar, com o peso dos segredos sufocando seu coração. Decidiu que precisava confrontar seus próprios medos, para salvar sua alma e se libertar do legado de Leonor, que parecia ainda pairar sobre a Casa das Névoas. Ao fazer isso, Clara sabia que teria que enfrentar a verdade, não apenas sobre o passado de seu marido, mas sobre ela mesma e sobre o que realmente desejava de sua vida.

Na manhã seguinte, com a névoa se dissipando lentamente, Clara fez suas malas e deixou a Casa das Névoas, sabendo que talvez nunca soubesse completamente a verdade sobre o que havia acontecido com Leonor. Mas, ao menos, ela estaria livre.

52

The Lost Bride

Clara had imagined a thousand times how the start of her married life would be. She pictured herself in a peaceful place, in a house surrounded by blooming gardens, embraced by the love of a devoted husband and the promise of eternal happiness. However, upon arriving at Mist House, an imposing mansion perched atop a hill and shrouded in a thick, unyielding fog, Clara was overcome by an unsettling sense that something was terribly wrong.

The mansion, with its ancient walls and ivy-covered façade, seemed like a place removed from time. The ever-present fog swallowed sound, leaving the atmosphere unnervingly silent, as if the house held secrets it refused to share. Clara tried to brush off her unease, telling herself it was just the newness of the place, the adjustment to her new home and life.

Her husband, Álvaro, was a man of few words, with a deep gaze and an unfailingly calm demeanor. He seemed enchanted by her happiness but remained somewhat distant, as though physically present but mentally elsewhere. Clara loved him with all her heart, but a small part of her began to doubt the perfection of their union.

On their first night, after a simple dinner, Clara noticed a photograph hanging on the wall of the living room. It was a picture of Álvaro with a woman who was smiling sweetly, her expression serene. The woman was undeniably beautiful, but there was something familiar about her, as though Clara had seen those eyes before. She asked Álvaro about the photograph, and after a brief hesitation, he replied.

"She was my first wife, Leonor," he said in a tone that sounded almost impersonal. "She passed away a few years ago."

Clara didn't know what to say. She knew Álvaro had been married before, but she had never imagined he would keep such a prominent photo of his late wife. The way he spoke of Leonor with such detachment left Clara feeling uneasy. But she tried to dismiss her thoughts. After all, she was here to start a new life.

In the days that followed, Clara began exploring the house and, to her surprise, discovered a series of old letters hidden in a drawer in the master bedroom. The letters were from Leonor to Álvaro, and at first glance, they appeared to be simple expressions of love. However, something about them unsettled Clara. The words carried an obsessive tone, an intense and possessive adoration. In some letters, Leonor mentioned feelings of loss and despair, as though something was consuming her.

Returning to the mansion after a walk in the garden one afternoon, Clara was overcome by a strange sensation that she wasn't alone. The fog, denser than usual, seemed to creep through the corridors, making the light dim and eerie. Following the faint sound of footsteps echoing down the hallway, she entered the living room, but no one was there. Only silence.

Yet something had changed. In the corner of the room, where only a tea table had stood before, there was now a rocking chair that seemed to have been moved. A cold shiver ran down Clara's spine. She didn't know what to think. The idea that Leonor might still somehow be present in the house began to take hold in her mind.

That night, Clara had a nightmare. She dreamed of Leonor, who appeared before her pale and sorrowful, her eyes brimming with profound sadness. Leonor reached out to Clara as if pleading for help, but Clara found herself unable to move. A sense of suffocation overwhelmed her, and when she finally woke, she was drenched in sweat, her heart racing. As she got up, the dense fog outside seemed to have seeped into every corner of the house, filling it with a suffocating presence.

Determined to uncover the truth, Clara began searching the house for more clues. She discovered a hidden room in the attic, its door sealed as though no one had entered in years. Inside, she found more letters from Leonor and several personal items that clearly belonged to Álvaro's late wife. Among these objects, Clara found a final letter written by Leonor shortly before her death.

The letter expressed a desire to escape, to leave everything behind, but it also mentioned something deeply unsettling: "I know what he did, and now you will too." As Clara read these words, a wave of terror washed over her. What had she uncovered? What had really happened to Leonor? And how was it connected to Álvaro's mysterious behavior?

That night, Clara confronted her husband. Álvaro met her with a cold calmness, almost detached, and began to explain. But his story was far from what Clara had expected. He spoke of a tragic accident, of Leonor's inability to cope with the loss of a child, but his words felt hollow. Something about him was broken, something Clara could no longer ignore.

Finally, Clara realized she could not stay in this place, with the weight of its secrets crushing her spirit. She decided she had to confront her fears, not only to save herself but to free her soul from Leonor's lingering shadow over Mist House. To do so, she knew she had to face the truth—not just about her husband's past but about herself and what she truly wanted from her life.

The next morning, as the fog slowly began to lift, Clara packed her belongings and left Mist House, knowing she might never fully uncover the truth of what had happened to Leonor. But at least, she would be free.

As Cartas de Beatriz

Beatriz olhou para a mesa, onde a pilha de papéis e cartas ainda estava intacta, como se o tempo não tivesse passado. Ela retirou uma folha em branco da gaveta e, com a caneta em mãos, olhou pela janela, para a pequena praça que ficava em frente à sua casa. O sol estava começando a se pôr, tingindo o céu de um tom dourado e suave, como sempre acontecia naquela hora do dia. Era um cenário que ela conhecia bem, mas que, com o passar dos anos, parecia cada vez mais distante de sua filha, Helena.

Há anos, Helena tinha partido para a cidade grande, em busca de algo que Beatriz não conseguia entender completamente. Uma vida diferente, mais cheia de oportunidades, mais cheia de movimento, talvez. Beatriz, por sua vez, ficara em Vale Encantado, uma cidade tranquila onde o tempo parecia passar de forma mais lenta, onde cada rua, cada esquina, era marcada por memórias e histórias que ela conhecia bem. Aqui, ela continuava sua rotina de dona de casa, costurando e cuidando do jardim, esperando que, de alguma forma, Helena voltasse.

A cada mês, Beatriz escrevia uma carta para a filha. Ela sabia que Helena recebia as cartas, mas as respostas eram esparsas e, quando chegavam, curtas e impessoais. Helena estava ocupada, dizia. Beatriz entendia, mas não podia deixar de sentir que havia algo mais. Alguma coisa não dita, algo que ficara para trás.

Querida Helena,

"Como estás, minha filha? Aqui, em Vale Encantado, nada mudou. A praça continua tranquila, o mercado ainda é o mesmo, e as flores no meu jardim estão florescendo de novo. Eu cuido delas com muito carinho, como sempre fiz. Você deve lembrar do cheiro delas, quando vinha de manhã para me ajudar. Não sei se você ainda tem o mesmo gosto por flores, ou se a vida na cidade a afastou dessas pequenas coisas.

Às vezes, me pego pensando nos dias em que você era pequena, quando corria pela casa com os olhos brilhando de curiosidade. Eu te ensinava como cozinhar os pratos que sua avó me ensinou, e você sempre dizia que um dia seria uma grande cozinheira. Onde foi que esses sonhos se perderam, minha filha? Será que o mundo te ofereceu algo melhor do que isso?

Eu entendo, Helena. Eu entendo que a vida muda e que as pessoas mudam. Mas ainda assim, sinto sua falta. Às vezes, quando vou ao mercado, vejo mães e filhas conversando, e me sinto sozinha. Não sei por quanto tempo mais posso continuar a escrever estas cartas sem que você me diga o que está acontecendo, o que aconteceu conosco. Eu te amo, sempre amei, mas parece que algo entre nós ficou para trás."

Beatriz colocou a carta de lado e suspirou. Ela sabia que Helena provavelmente nunca leria aquelas palavras com o mesmo coração de quando as escrevia. A distância entre elas tinha crescido não apenas no espaço, mas também no tempo, nas palavras não ditas, nos silêncios. A relação que uma vez fora cheia de intimidade agora estava marcada por um abismo silencioso.

Nos meses seguintes, Beatriz continuou a escrever. As cartas tornaram-se uma espécie de válvula de escape para ela, um modo de expressar tudo o que ficava preso em seu coração. Ela falava sobre o que acontecia na cidade, sobre as mudanças que viu acontecer na vida das pessoas ao redor, mas também falava sobre si mesma, sobre como se sentia solitária, como sentia falta das conversas que costumava ter com a filha. Ela ainda esperava que, um dia, Helena respondesse, que a distância fosse superada e que, finalmente, houvesse uma reconciliação.

Querida Helena,

"Hoje, encontrei uma fotografia nossa, de quando você era pequena. Você estava no meu colo, com aquele sorriso travesso, e eu estava olhando para você com tanto amor. Lembro-me do quanto você gostava de ir à praia, de construir castelos de areia, de como você me dizia que um dia seria a rainha da praia, a mais sábia de todas. Eu costumava rir dessas ideias e dizia que você seria a rainha do meu coração. Agora, vejo que isso é verdade, não importa o quanto o tempo passe.

Aqui, tudo continua igual, mas eu, talvez, não seja mais a mesma. Não tenho mais as energias de antes, e você não está aqui para me ouvir. Eu gostaria de ter te dito mais vezes o quanto eu te amava, o quanto você é importante para mim. Não sei por que não o fiz. Às vezes, a vida nos dá tantas oportunidades, e, por alguma razão, ficamos paralisados, como se o tempo fosse infinito. Agora sei que o tempo não é infinito, e que, se não nos apressarmos, podemos perder o que mais importa."

Beatriz deixou a carta no lugar de sempre, sobre a mesa, e foi para o seu quarto. Ela sabia que, talvez, Helena jamais soubesse o quanto suas palavras foram sinceras. Mas, ao escrever, ela sentia que ainda havia algo de sua filha ali, em cada palavra que ela colocava no papel. A esperança de que, um dia, a ponte entre elas seria reconstruída, mesmo que de forma silenciosa.

Meses se passaram, e Beatriz não recebeu resposta. Mas, de alguma forma, ela sentiu que algo havia mudado dentro de si mesma. Ela não sabia o que o futuro traria, mas ao escrever aquelas cartas, ela havia dado a si mesma um espaço para refletir sobre sua própria vida e sobre o que realmente importava.

Certa tarde, ao abrir a caixa de correio, Beatriz encontrou uma carta. Era de Helena. O envelope estava amassado, como se tivesse viajado por um longo caminho. Ela hesitou antes de abri-la, sentindo um misto de ansiedade e esperança. Quando finalmente a abriu, leu as palavras com um misto de alívio e tristeza:

"Querida mãe, desculpe por não ter escrito antes. Eu estava perdida, sem saber como colocar em palavras tudo o que sentia. As coisas na cidade não são fáceis, mas agora vejo o quanto você sempre esteve certa. Eu deveria ter sido mais presente. Estou voltando para casa. Quero tentar, mãe. Quero tentar."

Beatriz sorriu com lágrimas nos olhos. Ela sabia que a distância não desapareceria da noite para o dia, mas, pela primeira vez em muitos anos, sentiu que algo importante tinha começado a mudar.

Beatriz's Letters

B eatriz gazed at the table, where the stack of papers and letters remained untouched, as if time itself had stopped. She pulled a blank sheet from the drawer and, pen in hand, looked out the window toward the small square in front of her house. The sun was beginning to set, painting the sky in soft, golden hues, a scene she knew well but that seemed further away with each passing year since her daughter, Helena, had left.

Years ago, Helena had departed for the big city, searching for something Beatriz couldn't fully grasp. A different life, one filled with more opportunities, more movement, perhaps. Beatriz, on the other hand, stayed in Vale Encantado, a quiet town where time seemed to move more slowly, where every street and corner held memories and stories she knew intimately. Here, she continued her life as a homemaker, sewing, tending the garden, and waiting for Helena to return somehow.

Every month, Beatriz wrote a letter to her daughter. She knew Helena received them, but the replies were sparse and brief, devoid of warmth. Helena was busy, she explained. Beatriz understood, but she couldn't shake the feeling that there was more to it—something unspoken, left behind.

Dear Helena,

"How are you, my dear? Here in Vale Encantado, nothing has changed. The square remains peaceful, the market is the same, and the flowers in my garden are blooming again. I care for them with the same dedication as always. You must remember their scent, from the mornings you used to help me. I wonder if you still love flowers or if city life has distanced you from such small joys.

Sometimes, I find myself thinking of the days when you were little, running around the house with your eyes sparkling with curiosity. I taught you how to cook the dishes your grandmother taught me, and you always said you'd become a great chef one day. Where did those dreams go, my child? Did the world offer you something better?

I understand, Helena. I understand that life changes and people change. Still, I miss you. When I go to the market and see mothers and daughters chatting, I feel so alone. I don't know how much longer I can keep writing these letters without knowing what's happened to us, to you. I love you, always have, but it feels like something between us has been lost."

Beatriz set the letter aside and sighed. She knew Helena might never read those words with the same heart in which they were written. The distance between them had grown not only in miles but also in time, in unspoken words, in silences. A bond once so intimate now lay fractured by an invisible chasm.

In the months that followed, Beatriz continued writing. The letters became her solace, a way to express the emotions trapped within her. She wrote about life in the town, the changes she observed in the lives around her, but she also wrote about herself—her loneliness, her longing for the conversations she once shared with Helena. Deep down, she still hoped that one day Helena would respond, that they could overcome the distance and rebuild their relationship.

Dear Helena,

"Today, I found a photograph of us from when you were little. You were sitting on my lap with that mischievous smile, and I was looking at you with so much love. I remember how much you loved going to the beach, building sandcastles, telling me you'd be the queen of the shore one day. I used to laugh and say you were already the queen of my heart. Now I see that was true, no matter how much time has passed.

Here, everything remains the same, but I, perhaps, am not. I no longer have the energy I once did, and you're not here to see it. I wish I'd told you more often how much I loved you, how important you are to me. I don't know why I didn't. Sometimes, life gives us so many chances, and for some reason, we freeze, as if time were infinite. But now I know it's not, and if we don't act, we might lose what matters most."

Beatriz placed the letter in its usual spot on the table and went to her room. She knew that Helena might never truly understand how sincere her words were. But as she wrote, Beatriz felt as if a part of her daughter still lingered in every word she put to paper. The hope remained that one day, the bridge between them might be rebuilt, even if silently.

Months passed, and Beatriz received no reply. Yet, in some way, she felt a shift within herself. She didn't know what the future would hold, but writing those letters had given her a space to reflect on her own life and what truly mattered.

One afternoon, as she checked her mailbox, Beatriz found a letter. It was from Helena. The envelope was crumpled, as if it had traveled a long way. She hesitated before opening it, a mix of anxiety and hope in her heart. When she finally unfolded it, she read the words with a blend of relief and sorrow:

"Dear Mother, I'm sorry I haven't written sooner. I've been lost, unsure of how to put my feelings into words. Life in the city isn't easy, but now I see how right you always were. I should have been more present. I'm coming home. I want to try, Mom. I really do."

Beatriz smiled, tears streaming down her cheeks. She knew the distance between them wouldn't vanish overnight, but for the first time in years, she felt that something truly important had begun to change.